UNE FAUSSE MINIATURE

CONCERNANT LA

VILLE DE LILLE

PAR

L. QUARRÉ-REYBOURBON

OFFICIER DE L'INSTRUCTION PUBLIQUE

CORRESPONDANT DU COMITÉ DES SOCIÉTÉS DES BEAUX-ARTS DES DÉPARTEMENTS

MEMBRE DE LA COMMISSION HISTORIQUE DU DÉPARTEMENT DU NORD, ETC.

PARIS

TYPOGRAPHIE DE E. PLON, NOURRIT ET Cⁱᵉ

RUE GARANCIÈRE, 8

—

1893

(13)

PARIS

TYPOGRAPHIE DE E. PLON, NOURRIT ET Cie

rue Garancière, 8.

UNE FAUSSE MINIATURE

CONCERNANT LA

VILLE DE LILLE

Ce mémoire a été lu à la réunion des Sociétés des Beaux-Arts des départements, tenue dans l'hémicycle de l'École des Beaux-Arts, à Paris, le 4 avril 1893.

UNE FAUSSE MINIATURE

CONCERNANT LA

VILLE DE LILLE

PAR

L. QUARRÉ-REYBOURBON

OFFICIER DE L'INSTRUCTION PUBLIQUE

CORRESPONDANT DU COMITÉ DES SOCIÉTÉS DES BEAUX-ARTS DES DÉPARTEMENTS

MEMBRE DE LA COMMISSION HISTORIQUE DU DÉPARTEMENT DU NORD, ETC.

PARIS

TYPOGRAPHIE DE E. PLON, NOURRIT ET Cie

RUE GARANCIÈRE, 8

1893

UNE FAUSSE MINIATURE

CONCERNANT LA

VILLE DE LILLE

L'*Intermédiaire des chercheurs et curieux* a publié, dans son numéro du 25 novembre 1891, les lignes suivantes : « Il circule « actuellement, tant sur le marché parisien que sur le marché « anglais, allemand et américain, de fausses miniatures et de faux « manuscrits du quinzième et du seizième siècle. Ces documents, « faits avec habileté, tant pour l'écriture que pour les costumes « des personnages et les scènes représentées, pèchent surtout par « excès de qualités et se trahissent par la quantité et le piquant « des détails. D'abord, le choix des sujets, toujours parfaitement « intéressants, plans de Paris, de Londres, entrées, dit des rues de « Paris, est tel que l'on s'étonne que le manuscrit n'ait pas été « depuis longtemps signalé. Ce sont d'ailleurs des pièces séparées « ou des plaquettes d'un petit nombre de feuillets très richement « ornés. Les miniatures sont très curieuses et très amusantes : « petites scènes de mœurs du quatorzième ou quinzième siècle, « paysages, vues de villes, assez exacts et rendus avec une naïveté « recherchée, mais avec plus de netteté et de fraîcheur que n'en « auraient conservé les originaux, malgré les fausses maculatures « introduites à dessein. Les terrasses sont souvent lavées d'un vert « clair révélateur, et les petits personnages trop pittoresques. « Néanmoins, la perfection du procédé et la science du faussaire « sont telles que de véritables connaisseurs pourraient s'y tromper « une première fois [1]. »

Nous étions encore sous l'impression que la lecture de ces lignes

[1] Ces lignes ont été en partie reproduites par le *Petit Journal*, numéro du 26 août 1892.

nous avait laissée, lorsque, dans les premiers mois de l'année 1892, un marchand d'antiquités vint nous proposer l'acquisition d'une miniature sur vélin qui paraissait avoir été détachée d'un manuscrit. Cette miniature est, par son sujet, très intéressante pour un collectionneur lillois. Elle représente l'entrée à Lille de Philippe le Bon, duc de Bourgogne, et de la duchesse sa femme[1]. Ce qui attira surtout notre attention, c'est une vue en perspective de tous les monuments de la ville existant au quinzième et au seizième siècle, qui sont reproduits avec fidélité autant que nous en pouvions juger par deux ou trois de ces monuments dont nous possédons les dessins.

Mais les rapports de cette page avec celles dont il est parlé dans l'article de l'*Intermédiaire* que nous venons de reproduire, tant pour le sujet que pour l'exécution, la vue de la ville, la terrasse lavée d'un vert clair, les petits personnages trop pittoresques, nous firent concevoir quelques doutes; nous communiquâmes la miniature et nos doutes à deux de nos amis, qui hésitèrent à se prononcer. Et comme, après tout, le prix qu'on en demandait n'était pas très élevé et qu'il nous paraissait très intéressant d'avoir l'occasion d'étudier à fond une miniature relative à Lille, même si elle était fausse, nous en fîmes l'acquisition.

Voici d'abord la description de cette miniature. Elle est exécutée sur un parchemin haut de 0^m,22 et large de 0^m,15. Elle représente, comme nous venons de le dire, l'entrée à Lille de Philippe le Bon et d'Isabelle de Portugal, sa femme. Le duc et la duchesse sont à cheval, sous un dais, aux armes de Bourgogne, dont les supports sont tenus par quatre jeunes pages revêtus de tuniques rouges. Le cheval de Philippe le Bon est couvert d'un caparaçon, et le duc porte un manteau bleu semé de broderies en or et doublé d'hermine, avec un chaperon garni d'une couronne d'or. La duchesse est vêtue d'une robe en brocart d'or décolletée et porte un hennin aussi en brocart orné de pierreries; sa haquenée, qui est blanche, est harnachée en bleu fleurdelisé. Derrière elle s'avance une suite de seigneurs à cheval, vêtus de costumes riches et variés, dont l'un porte la bannière aux armes de Bourgogne. Le duc et la duchesse sont reçus par l'échevinage de Lille. Le rewart qui en est le chef

---

[1] Voir la planche.

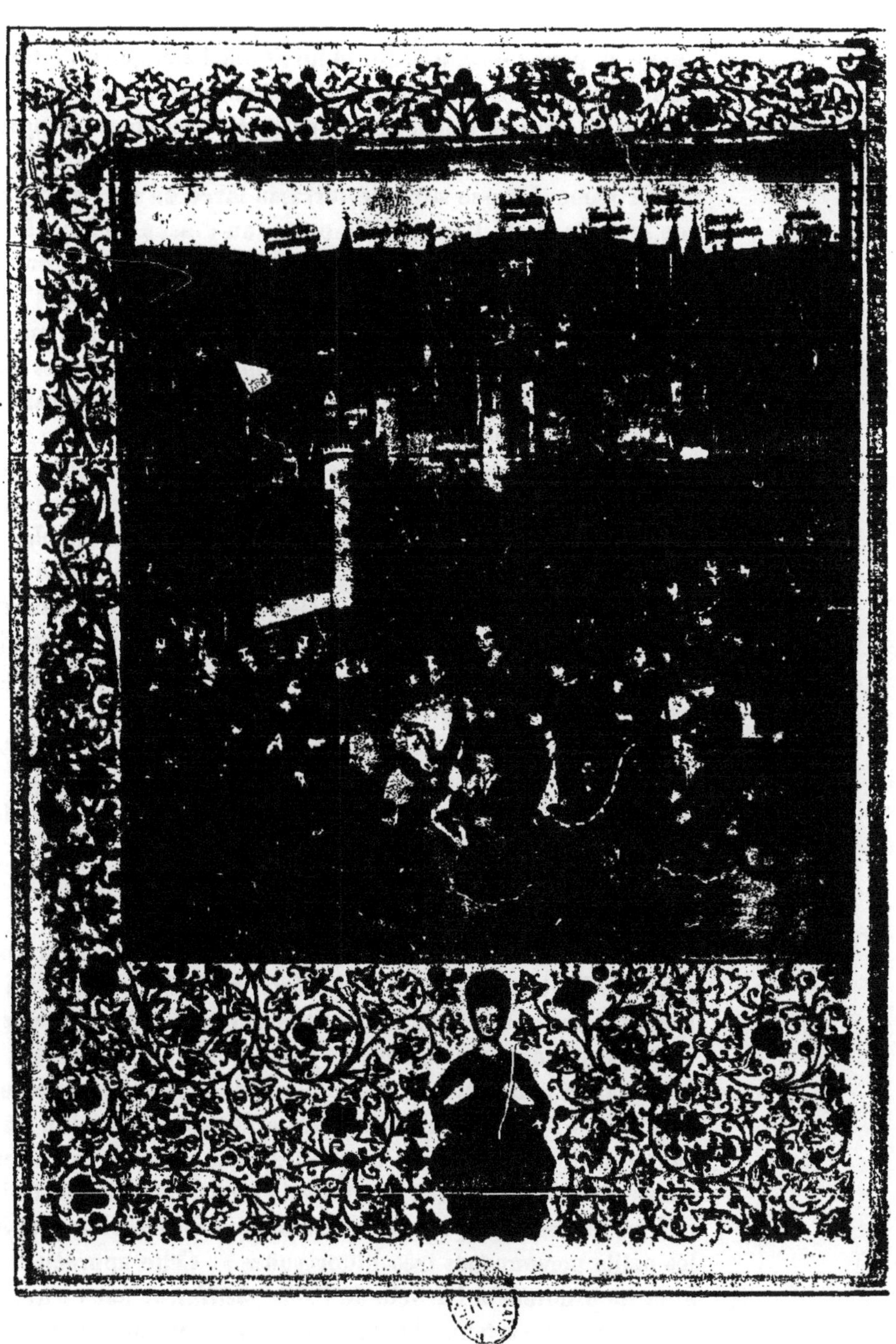

ploie un genou devant le duc et lui lit une harangue qu'il tient en ses mains ; il porte la robe noire réglementaire, tandis que d'autres échevins et d'autres personnages sont vêtus de robes bleues, rouges ou violettes ; derrière eux plusieurs bourgeois en costume quinzième siècle.

La scène se passe sur une terrasse lavée en vert clair, en avant de la porte de la Barre. Cette porte, au-dessus de laquelle on lit : *Porte de Bar*, est tendue de draperies bleues semées de fleurs de lis et de rinceaux en or. Derrière, en second plan, sont étagés les uns au-dessus des autres et forment perspective, vingt monuments de la ville, offrant chacun une inscription en caractères du quinzième siècle. Le fossé qui baigne les fortifications sépare le premier plan du second.

Cette miniature est entourée de bordures formées de ces légers filaments imitant la vigne et le lierre, avec de nombreux trèfles à trois feuilles en or et quelques fruits en rouge et en bleu, qui se voient fréquemment dans les manuscrits du quatorzième et parfois encore dans ceux du quinzième siècle. Au milieu de la bordure du bas, qui est beaucoup plus large que les autres, est assise une femme qui tient en ses mains et fait reposer sur sa robe, entre ses jambes, un écusson d'azur à la fleur de lis d'or.

Sur l'autre face du parchemin, on lit, en une écriture du quinzième siècle peu soignée, le récit de l'entrée de Philippe le Bon à Lille. Ce récit ne remplit qu'une demi-page du feuillet, le reste est en blanc.

La première question qui se pose au sujet de cette miniature est celle de son authenticité ou de sa fausseté.

A ce sujet, nous ferons d'abord une remarque qui a un caractère général. Tout ce qui est dit dans l'*Intermédiaire* touchant les miniatures fausses qui ont été mises en circulation à Paris en novembre 1891, s'applique exactement et jusque dans les plus petits détails à celle dont nous parlons. Cette dernière représente, comme celles de Paris, « l'entrée d'un souverain et la vue d'une ville au quinzième siècle »; elle offre « de petites scènes de mœurs curieuses et amusantes, rendues avec une naïveté recherchée et avec fraîcheur, malgré les maculatures; les terrasses sont lavées d'un vert clair et les petits personnages très pittoresques ». Cette appréciation, que nous empruntons à l'article de l'*Intermédiaire*, nous paraîtrait, si nous n'étions certains du contraire, avoir été portée au sujet de notre miniature. Il y a là, il faut le reconnaître, un motif puissant de suspicion, malgré la perfection et la science comme enluminure qui distinguent la pièce en question. Mais cela ne suffit pas pour établir la fausseté.

En ce qui concerne la technique proprement dite, nous nous sommes adressé à un très habile miniaturiste de Paris, M. J. Van Driesten, qui a beaucoup étudié les enlumineurs du moyen âge, et s'est efforcé de se rendre compte de la manière dont ils travaillaient et de les imiter. Après avoir examiné avec soin et à plusieurs reprises notre miniature, M. Van Driesten a émis l'avis que les couleurs employées sont modernes, et qu'elles n'ont ni la pureté ni la transparence des couleurs du quinzième siècle. Quant à l'or, M. Van Driesten peut donner l'assurance que celui qui a servi pour notre miniature est de l'or qu'il a lui-même composé lorsqu'il faisait un cours de miniature à Paris en 1890, ou qui a été obtenu d'après une méthode qu'il a publiée, à la même époque, dans le journal *l'Enlumineur*. Au reste, tous ceux qui ont étudié les miniatures du moyen âge trouveront une différence très marquée entre l'or de ces miniatures et celui de la pièce dont nous nous occupons. On trouve dans cette dernière pièce des craquelures comme dans les vieilles miniatures ; mais M. Van Driesten nous a fait remarquer qu'elles ont été obtenues en grattant avec l'ongle sur le verso du parchemin, et il nous a fait voir en outre que les traces de l'encollage se retrouvent brillantes aux endroits où le parchemin a été laissé à nu par les écailles qui sont tombées, ce qui ne se serait pas produit si les écaillures avaient été opérées par le temps, ou après coup par accident. D'ailleurs, le parchemin n'est pas ancien ; on s'est servi de la peau de mouton actuellement employée pour les actes de notaire. Ces observations techniques ont une importance qui n'échappera à personne, et autorisent des soupçons très graves contre l'authenticité.

Enfin, nous avons trouvé nous-même, dans l'étude de divers détails, des preuves indéniables de la fausseté de cette miniature. Elle présente incontestablement les caractères d'une miniature du quinzième siècle, tant au point de vue de l'ensemble que sous le rapport de la scène représentée, du groupement des personnages et des costumes. Cette certitude est confirmée par la bordure, que l'on retrouve encore dans les manuscrits du quinzième siècle, bien qu'elle ait été usitée surtout au quatorzième, et par les deux écritures employées, l'une pour les noms des édifices, et l'autre pour le récit tracé sur le verso, qui sont différentes, mais révèlent certainement toutes deux le quinzième siècle. Or, parmi les noms inscrits près de ces édifices, on lit, sur les murs du palais des ducs de Bourgogne à Lille, les mots *Court de l'Empereur*. Et comme ce palais n'a porté ce dernier nom que sous Charles-Quint, au seizième siècle, il s'ensuit que cette inscription tracée en caractères du quinzième siècle est postérieure à ce dernier siècle. Donc, elle est fausse; donc la miniature est fausse. Et cette inscription n'est pas la seule qui puisse servir à établir la fausseté de la miniature : sur le plan de Lille, qui se trouve dans la description des Pays-Bas de Guichardin, il y en a plusieurs autres où se voient des erreurs au sujet de l'orthographe des noms : *Porte de fie,* au lieu de Porte de Fives; *Porte de Bare,* au lieu de Porte de la Barre; *Porte. Reneau,* au lieu de Porte des Reigneaux; *Porte des Moliniers,* au lieu de Porte du Molinel. Toutes ces erreurs ont été reproduites sur la miniature en question. Nous croyons pouvoir conclure de cet ensemble de dénominations fausses ou inexactes, que ces inscriptions écrites en caractères du quinzième siècle sont postérieures à Guichardin, qui vivait dans la seconde moitié du seizième siècle, et que par conséquent elles sont l'œuvre d'un faussaire.

Une autre preuve peut servir à démontrer non-seulement que la miniature est fausse, mais qu'elle a été exécutée il y a peu de temps. Dans la bordure, on voit, comme nous l'avons dit, une femme qui tient un écusson portant *une fleur de lis d'or sur champ d'azur*. Les armes de la ville de Lille sont *une fleur de lis d'argent sur un champ de gueules*. Mais lorsqu'a été érigée, vers 1834, la statue de la ville de Lille sculptée par Pradier, place de la Concorde, à Paris, on a donné, par une erreur qui ne s'était jamais produite, comme armes à cette ville, la fleur de lis d'argent sur fond d'azur. De même il y a environ trente ans [1], la maison Bouasse-Lebel de Paris, en publiant une planche où se trouvent les armes des principales villes de France, a attribué à la ville de Lille les armes qui figurent place de la Concorde, la *fleur de lis*

---

[1] Ce tableau se vend encore aujourd'hui avec la même erreur.

d'argent sur champ d'azur. L'auteur de notre miniature n'a pu emprunter qu'à la statue de la place de la Concorde ou à la planche de Bouasse-Lebel les armes que porte son écusson, toutefois en substituant une fleur de lis d'or à celle d'argent. Donc la miniature, qui se présente avec l'aspect et les caractères du quinzième siècle, a été exécutée il y a moins de soixante ans.

Les recherches que nous avons faites au sujet de la femme tenant l'écusson, dont nous venons de parler, nous ont mis sur la voie pour arriver à résoudre une autre question, la source où le faussaire a puisé les principales données des scènes qu'il a représentées. Nous nous rappelions avoir vu cette petite femme dont la pose est très caractéristique. Il nous semblait que c'était dans une des chromolithographies illustrant le *Froissart* édité par M. de Witt[1]. Effectivement, à la page 296, dans le chromo qui représente le couronnement de Charles V à Reims, nous avons retrouvé, avec quelques modifications dans les couleurs et avec la substitution des fausses armes de Lille aux armes de France, mais avec une exactitude frappante jusque dans les plus petits détails, la même petite femme dans sa pose tout à fait originale, et placée au centre de la grande bordure du bas comme dans la miniature en question. Le faussaire a-t-il emprunté ce sujet au manuscrit de Froissart qui se trouve à la Bibliothèque nationale, n° 2643, ou à la reproduction en chromo de l'édition de M. de Witt? Nous ne pouvons le dire. Mais ce qui est indiscutable, c'est qu'il l'a copié d'après l'un ou l'autre ouvrage. Il est impossible que deux miniaturistes différents aient inventé deux compositions aussi caractéristiques et aussi semblables dans divers petits détails. Dans la même chromolithographie, nous avons retrouvé sur la tête de la reine de France le hennin peu élevé, à deux parties, que porte, dans la miniature fausse, la duchesse de Bourgogne, mais cela ne pourrait servir de preuve absolue, car on retrouve souvent cette coiffure.

Nous avons continué nos recherches dans la même publication, et nous avons trouvé à la page 16, dans *Charles le Bel recevant la reine d'Angleterre,* des rapports avec le duc et la duchesse de

[1] Paris, Hachette, 1881, in-4°.

Bourgogne, bien que la femme ait été retournée et que les couleurs des vêtements aient été changées; le mouvement est le même pour les personnages et pour les chevaux. Nous en dirons autant du bourgeois de la suite du magistrat, qui lève son chapeau en saluant la duchesse; il rappelle, plus exactement encore, un seigneur de la suite du roi de France; une ressemblance non moins frappante est celle qui existe entre la vue de Paris sur la chromolithographie et la vue en perspective de Lille sur la miniature.

La chromolithographie de la page 738, qui représente l'*Entrée de la reine de France à Paris*, offre aussi des détails à noter. Le seigneur vêtu d'une robe bleue et tenant son chapeau à la main, qui se trouve dans notre miniature derrière le reward, a été copié sur un personnage en robe rouge de la suite de la Reine, et le bourgeois à bonnet rouge qui est un peu en avant de la porte de la Barre, ainsi que le cavalier à chapeau de forme ronde qui se tient derrière le duc, rappellent, dans l'ensemble, et surtout dans le mouvement, deux personnages du même chromo.

Divers érudits et amateurs à qui nous avons communiqué nos remarques ont été, comme nous, frappés des rapports qui existent entre la miniature et les chromolithographies dont nous venons de parler.

Reste maintenant à traiter la question de la vue perspective des édifices de la ville de Lille. Nous avons comparé à la miniature tous les plans anciens de Lille, d'abord ceux de Deventer, seizième siècle; Hogenberg, 1580; Guichardin, 1580; Janssens, 1660; Boderichr, qui sont tous des plans cavaliers dans lesquels les édifices sont très vaguement indiqués, et ensuite ceux de Feller, 1620; Jollain, Paris, dix-septième siècle; Bern, Werner, 1695; Van Loon, 1708; Paulus Decker, 1708; Basset, Paris, dix-huitième siècle, qui offrent la silhouette des tours, des clochers et de la partie la plus élevée des édifices.

De cette comparaison il résulte pour nous que la représentation en perspective est empruntée au plan de Guichardin ou à l'une de ses reproductions. Nous avons déjà établi plus haut que plusieurs des inscriptions de la miniature proviennent du plan de Guichardin, puisqu'elles offrent les mêmes erreurs; pour complé-ter cette preuve, nous ferons remarquer que l'un et l'autre présentent chacun vingt noms qui sont les mêmes, sauf le changement de *beffroy* en *hostel de ville*. L'ensemble des fortifications, le circuit des fossés et le palais Rihour montrent exactement le même profil. Les édifices sont disposés de la même manière, autant que le permet la différence qui existe entre un plan cavalier et une vue en perspective. Quant aux monuments en eux-mêmes, en dehors du palais, de quelques petits clochetons et de certaines indications assez vagues qu'il a empruntées à Guichardin, le faussaire les a lui-même imaginés, afin de donner plus de caractère à son œuvre. S'il avait connu les plans en silhouette que nous avons mentionnés plus haut, il eût reproduit leurs clochers élancés et leurs larges tours, au lieu de donner à chaque église une haute tour carrée avec étages à deux fenêtres qui n'a jamais existé à Lille, et qui rappelle les tours du transept de Tournai, ou celles de plusieurs églises des bords du Rhin.

De tout ce que nous venons de dire il résulte que la miniature représentant l'entrée à Lille du duc Philippe le Bon et de la duchesse de Bourgogne est fausse, et que le faussaire, très habile, comme ceux dont parle l'*Intermédiaire*, à reproduire l'écriture, les costumes, les scènes et les procédés des enlumineurs du quinzième siècle, a composé un pastiche à l'aide de personnages, de sujets et de vues qu'il a trouvés dans les miniatures originales. Mais les connaissances spéciales en blason et en archéologie lui font défaut, comme le prouvent son faux écusson de Lille et les tours romanes qu'il a données à cette ville.

D'un autre côté, nous pouvons constater que ce faussaire est de notre époque et qu'il travaille à Paris. Nous en trouvons la preuve dans les emprunts qu'il a faits pour les armes de la ville à la statue de Lille, place de la Concorde, ou à la planche de la maison Bouasse-Lebel; pour l'or de sa miniature à M. Van Driesten et pour sa scène principale au manuscrit de la Bibliothèque nationale ou à sa reproduction en chromolithographie.

En voyant les nombreuses tours romanes, rappelant l'architecture des bords du Rhin, qu'il a placées dans la vue perspective de Lille, on peut se demander s'il n'est pas originaire de cette contrée.

C'est, nous l'avouons, avec un vif intérêt que nous avons mené pas à pas le long et minutieux travail à l'aide duquel nous avons pu démontrer que la miniature dont nous avons fait l'acquisition est l'œuvre d'un faussaire. Nous avons cru faire chose utile, en dévoilant les moyens employés pour donner un caractère moyen âge à ce travail qui date de notre époque, et en prémunissant une fois de plus nos confrères les collectionneurs contre ce procédé de truquage auquel ont recours les pseudo-miniaturistes de notre époque fin de siècle.

PARIS

TYPOGRAPHIE DE E. PLON, NOURRIT ET Cⁱᵉ

rue Garancière, 8.